SCHRIFTENREIHE DER FORSCHUNGSGESELLSCHAFT
FÜR DEN WOHNUNGSBAU IM ÖIAV, WIEN

Heft 14/4

Baurechtliche Vorschriften des Wohnungsbaues in Österreich

Die Lage einer Wohnung und eines Wohngebäudes

Von Arch. Georg Conditt

Größe, Funktion und Ausstattung einer Wohnung

Von Dr. Sokratis Dimitriou

SPRINGER-VERLAG WIEN GMBH 1959

Die Forschungsgesellschaft für den Wohnungsbau im ÖIAV Wien stellt die vorliegenden Ausführungen, welche eine Ansicht der Verfasser darstellen, zur Diskussion, ohne sich mit diesen zu identifizieren

ISBN 978-3-7091-4669-9 ISBN 978-3-7091-4821-1 (eBook)
DOI 10.1007/978-3-7091-4821-1

Ursprünglich erschienen bei Forschungsgesellschaft für den Wohnungsbau, Wien I, Eschenbachgasse 19

DIE LAGE EINER WOHNUNG UND EINES WOHNGEBÄUDES —

EINSCHLÄGIGE BESTIMMUNGEN IN DEN ÖSTERREICHISCHEN BAUGESETZEN

Referent: Architekt Georg Conditt

Die österreichischen Bauordnungen enthalten eine Reihe von Vorschriften, die erkennen lassen, welchen Mindestanforderungen an die Lage von Wohnungen und Wohngebäuden Genüge zu leisten ist.

Viele wichtige Einzelheiten sind nicht in den Bauordnungen selbst, sondern in der unüberschaubaren Anzahl von Bebauungsplänen oder Ortssatzungen geregelt, welche oft — unter Umständen mit Hilfe von „*Kann*"-Bestimmungen — den heutigen Auffassungen gerechter werden als die ihnen zugrunde liegenden Bauordnungen. Andrerseits gelten manche und wesentliche der nachstehend aufgezählten Mindestanforderungen nicht allgemein. Die Rücksichtnahme auf bestehende Bebauung und auf bestehende Grundstücksgrenzen findet nämlich ihren Ausdruck in zahlreichen Ausnahmebestimmungen, welche zugunsten der Ausnützbarkeit des Grundstückes die wohnkulturellen Normen noch weiter herabsetzen.

Die in den Bauordnungen enthaltenen Mindestanforderungen sind aber nicht nur als Mittelwerte zwischen diesen beiden Extremen interessant. Ihre weitreichende Bedeutung liegt darin, daß sie, die offensichtlich aus dem Baubestand und dem Baugeschehen einer zurückliegenden Epoche empirisch abgeleitet sind, als Richtwerte einen nachhaltigen Einfluß auf das heutige Bauen ausüben, sei es unmittelbar, indem sie Bauplanungen zugrunde gelegt werden, sei es mittelbar, indem, was die Bauordnung anerkennt oder erlaubt, von vielen kritiklos hingenommen wird. Jede wohnkulturelle Forderung, die über die Bestimmungen der Bauordnung hinausgeht, wird daher auf psychologische Widerstände und praktische Schwierigkeiten stoßen; daher wurden hier zu den einzelnen Bestimmungsstücken des Begriffs „*Lage*" sowohl typische wie auch extreme gesetzliche Vorschriften herangezogen.

A. Die Lage der Wohnung innerhalb des Hauses (Haustypen)

1. Anzahl der Wohnungen je Haus

Keine Bauordnung enthält Vorschriften bezüglich der Anzahl der Wohnungen je Haus. Es gibt aber gesetzlich definierte Haustypen, denen bestimmte Baugebiete vorbehalten bzw. Bauerleichterungen gewährt werden können. Die Höchstzahl von Wohnungen je Haus bzw. Stiegenhaus wird indirekt durch verschiedene Bestimmungen begrenzt (siehe A 1 b und A 2 a).

a) Einfamilienhaus

Wien gewährt Bauerleichterungen für „*Einfamilienhäuser*", welche auch Bedienstetenwohnungen enthalten dürfen, und „*Siedlungshäuser*", die nur eine Kleinwohnung enthalten. Linz kennt „*Landhäuser (Villen)*", daneben gibt es in ganz Oberösterreich einschließlich der Städte Bauerleichterungen für „*Stadtrandsiedlungsbauten*" halb-ländlicher Art.

b) Mehrfamilienhäuser

Die Anzahl der Wohnungen je Geschoß wird durch Bestimmungen über die höchstzulässige Entfernung vom Stiegenhaus beschränkt (Wien: 40 m; Vorarlberg: 30 m; Graz: 30 m, bei mehr als 5 Geschossen 15 m). In Gebieten aufgelockerter Verbauung wird außerdem stellenweise die Gebäudelänge begrenzt: Wien = 36 m bzw. 54 m; Linz = 50 m; Salzburg-Stadt = 45 m.

„*Kleinhaus*"

Einige Bauordnungen fördern den Bau von „*Kleinhäusern*" durch Bauerleichterungen, teilweise auch durch erleichterte Aufschließung (siehe B 2 a). Die bebaute Fläche darf im allgemeinen 120 m^2 nicht überschreiten (Graz: 180 m^2, Vorarlberg: bei drei Geschossen 100 m^2). Die Höchstzahl der Geschosse ist drei, wobei mit Ausnahme Wiens ein ausgebautes Dachgeschoß mitgerechnet wird. Die Zahl der Wohnungen je Geschoß ist auf zwei beschränkt.

„*Kleinwohnungshaus*"

In einem „*Kleinwohnungshaus*" (Wien, Graz, Vorarlberg) entfallen mindestens zwei Drittel der Nutzfläche auf Kleinwohnungen (Wien: maximal 60 m^2 bewohnbare Fläche, Graz: 80 m^2 einschließlich Küche). Auch dieser Haustyp wird durch Bauerleichterungen gefördert.

2. Die Höhenlage der Wohnung

a) Gebäudehöhe und Geschoßzahlen

Die Bauordnungen setzen Höchst- und teilweise auch Mindestgrenzen für Gebäudehöhen bzw. für Geschoßzahlen fest. Sie sind in Geschoßzahlen allein oder in Verbindung mit Höhenmaßen ausgedrückt oder nur durch Höhenmaße, in welchem Fall sich die ja meist angestrebte größtmögliche Geschoßzahl unter Berücksichtigung der geringsten zulässigen Raumhöhe errechnen läßt. Die Festsetzung erfolgt in Zusammenhang mit der Verbauungsweise (siehe C 2), und zwar so, daß bei dichterer Verbauung auch größere Gebäudehöhen zulässig sind. Von Einfluß ist unter Umständen auch der Vorderabstand des Gebäudes und die Rücksicht auf die Belichtung.

In Wien setzt die „*Bauklasseneinteilung*" die Gebäudehöhen fest, sie haben nach der Bauordnungsnovelle 1956 ab 1. Jänner 1959 im allgemeinen zu betragen:

Bauklasse I	mindestens	3,5 m,	höchstens 7,5 m
Bauklasse II	mindestens	8 m,	höchstens 11 m
Bauklasse III	mindestens	12 m,	höchstens 14 m
Bauklasse IV	mindestens	16 m,	höchstens 20 m
Bauklasse V	mehr als	20 m,	höchstens 25 m
Bauklasse VI	mehr als	25 m	

Dabei gilt in den Bauklassen III bis V in der Regel die „*geschlossene Bauweise*"; die Bauklasse VI wird im Bedarfsfall angewendet.

In den übrigen Bauordnungen gelten für die (etwas unterschiedlich definierten) dicht verbauten Gebiete folgende Höchstgrenzen: 26 m (Linz, Oberösterreich); 25 m (Graz); 22 m, 5 Geschosse (Klagenfurt); 20 m (Innsbruck); 20 m, 5 Geschosse (Tirol; Salzburg-Stadt); 5 Geschosse (Salzburg-Land); 4 Geschosse (Niederösterreich, Kärnten, Vorarlberg); 3 Geschosse (Burgenland). Höhere Bauten bedürfen einer Sondergenehmigung.

Höchstgrenze in Gebieten aufgelockerter Verbauung sind 17 m, 4 Geschosse (Salzburg-Stadt); 3 Geschosse und ausgebautes Dachgeschoß (Wien); 3 Geschosse (Linz, Innsbruck); 2 Geschosse und ausgebautes Dachgeschoß (Burgenland, Vorarlberg).

Die Mindesthöhen der Wiener Bauordnung haben den städtebaulich-ästhetischen Zweck, eine einigermaßen gleichförmige Höhenlage der Hauptgesimse sicherzustellen. Auch in der Klagenfurter Innenstadt muß in der Regel mindestens dreigeschossig gebaut werden. Die Forderung, daß neue Wohnbauten mindestens zweigeschossig sein müssen (Linz, Steiermark) ist zumindestens teilweise ästhetischen Ursprunges, denn die Steiermark gestattet Ausnahmen nur in *„abgelegenen Gassen..., dann in sehr kleinen Städten und Märkten, wo man sich auf die Erzielung ... erträglich anständiger Gebäude beschränken kann"*. Wo eingeschossige Bauten nur *„ausnahmsweise"*, mit *„besonderer"* oder *„ausdrücklicher"* Bewilligung zugelassen werden können (Linz, Innsbruck, Klagenfurt, Salzburg-Stadt), wird dies zum Teil mit besonderen Auflagen verknüpft, wie mit einer mindesten Vorgartenbreite (siehe B 2) und einer erhöhten Lage des Erdgeschoßfußbodens über dem Niveau (Salzburg-Stadt: 100 cm; Klagenfurt: 110 cm; Linz: 150 cm).

Dagegen kann in Tirol an bestimmten Stellen *„zur Wahrung der bodenständigen Bauweise und zum Schutze der Landschaft"* die Gebäudehöhe auf maximal 6 m und die Geschoßanzahl auf ein Geschoß beschränkt werden.

b) Dachwohnungen

Alle Bauordnungen gestatten den Einbau von Wohnungen im Dachgeschoß entweder allgemein oder unter bestimmten Vorbehalten.

In Wien darf oberhalb der (für die zulässige Gebäudehöhe maßgebenden) Hauptgesimsoberkante ein weiteres Wohngeschoß aufgesetzt werden, wenn dadurch der Lichteinfall für keinen Anrainer unzulässig vermindert wird (was unter Umständen durch Zurück*„staffelung"* innerhalb eines fiktiven Dachumrisses erzielt wird), oder aber, wenn der Dachausbau nicht mehr als zwei Drittel der verbauten Fläche einnimmt. In Graz ist der Ausbau des Dachgeschosses bei Gebäuden von mehr als fünf Geschossen unzulässig. In einigen Bauordnungen zählt das Dachgeschoß bei der Bemessung der zulässigen Gebäudehöhe bzw. Geschoßanzahl mit, etwa in der Form, daß die Gebäudehöhe nicht bis zur Dachtraufe, sondern bis zur Decke des ausgebauten Dachgeschosses gemessen wird (Salzburg-Stadt, Innsbruck).

c) Höhenlage des tiefsten Wohngeschosses (Erdgeschoß oder Souterrain)

Für die Höhenlage des Erdgeschoßfußbodens über dem umgebenden Niveau wird in den meisten Bauordnungen ein Mindestwert von 30 cm verlangt; Grenzwerte sind 15 cm (Wien, Linz) und 45 cm (Klagenfurt)[1]). Wo Souterrainwohnungen zulässig sind, wird neben technischen Bedingungen vorgeschrieben, daß mindestens die halbe lichte Raumhöhe über dem Niveau liege (Niederösterreich, Linz, Salzburg-Stadt, Innsbruck). Die tiefste mögliche Lage beträgt (bei Vorhandensein von Lichtgräben) in Niederösterreich —2,0 m, im Burgenland —2,5 m.

d) Wohnungen in Verbindung mit Wirtschaftsgebäuden

Sämtliche Bauordnungen gestatten ausdrücklich oder als selbstverständlich die Errichtung von Wohnungen in Verbindung mit landwirtschaftlichen Betriebsgebäuden.

In Wien sind in „*Industriegebieten*“ und „*Geschäftsvierteln*“ Wohnungen nur für die Betriebsleitung und die Betriebsaufsicht zugelassen; eine ähnliche Regelung hat Niederösterreich für „*isolierte Industriegebäude*“.

Einige Bauordnungen (Oberösterreich, Linz, Kärnten, Klagenfurt, Salzburg-Stadt, Innsbruck) enthalten bautechnische Bestimmungen, aus denen hervorgeht, daß bei isolierten Industrieanlagen Wohnungen für „*Eigentümer, Beamte und Arbeiter*“ errichtet werden dürfen.

B. Die Lage des Hauses auf dem Baugrund

1. Größe und Ausnützbarkeit des Baugrundes

Wien: „*Die Größe eines Bauplatzes soll mindestens 500 m² ... betragen, von diesem Ausmaß kann bei besonderer Gestalt oder Eigenart des Bauplatzes ... abgegangen werden.*“ Die gleiche Mindestgröße fordern Oberösterreich und Linz, doch können dort Ausnahmen gewährt werden, „*wenn der Bebauungsplan die Reihenhausbauweise vorsieht oder durch besondere Bestimmungen des Bebauungsplanes die Ausnützbarkeit der Bauplätze ... beschränkt ist, wie durch Beschränkungen der Gebäudehöhe, der bebaubaren Fläche oder durch innere Baufluchtlinien*“. Für Ausnahmen bis herab zu 400 m² sind Bezirkshauptmannschaft bzw. Baubehörde, für weitergehende Landesregierung bzw. Gemeinderatsausschuß zuständig.

Im Burgenland müssen bei Neubauten in rein ländlichen Gebieten die Parzellen mindestens 15 m breit sein, „*um im Falle einer Feuersgefahr die Flucht und die Rettung zu ermöglichen*“; Vorarlberg verlangt bei ge-

[1]) Siehe hiezu die Tabelle in dem Referat Mischek, „Technische Bauvorschriften usw.“ S 61.

schlossener Verbauung neuer Ortsteile Parzellen von mindestens 7 m Gassenfront.

Nur wenige Bestimmungen regeln unmittelbar und mit Zahlenangaben den Anteil der bebaubaren Fläche eines Baugrundes. In Wien dürfen in den Bauklassen I und II bei offener Bauweise höchstens $^1/_3$, bei geschlossener Bauweise $^6/_{10}$ des Baugrundes bebaut werden; in der Steiermark beim Bau von Kleinhäusern höchstens 30% und weitere 10% für Nebengebäude. In Klagenfurt müssen in der Innenstadt mindestens 20% unverbaut bleiben, in der Außenstadt 40%. In Innsbruck müssen mindestens 15% unverbaut bleiben, wovon der größere Teil auf den Haushof zu entfallen hat.

In den meisten Fällen hängt die Verbaubarkeit ab von der Verbauungsweise (C 2), den zu beobachtenden Abständen (B 2) und der Forderung nach der Belichtung der Wohnräume (B 3). Diese Anforderungen sind teilweise genau festgelegt, oder aber es heißt allgemein, daß Baustellen eine solche Gestalt und Größe haben müssen, „*um auf denselben zweckmäßige, den Anforderungen an Licht und Luft entsprechende Gebäude aufführen zu können*" (Niederösterreich; ähnlich Burgenland). Oder: „*Die Haushöfe bei Neubauten sind im Verhältnis zur Höhe der Gebäude zureichend geräumig anzulegen. Die .. Behörde hat im Bedarfsfall die entsprechende Erweiterung derselben als eine Bedingung der Baubewilligung vorzuzeichnen*" (Graz; ähnlich Kärnten).

Der Begriff der *Geschoßflächendichte* (die Summe aller Wohngeschoßflächen durch die Fläche des Baugrundes) ist den Bauordnungen Österreichs fremd. Ihre Höchstwerte lassen sich nur dort errechnen, wo die oben aufgezählten Faktoren in der Bauordnung zahlenmäßig festgelegt sind, wie in Wien. Unter der Annahme, daß es sich um eine Baustelle der Mindestgröße handelt und daß keine jener vielen „*Erleichterungen*" in Anspruch genommen wird, wie sie etwa für Eckbauplätze bestehen, ergeben sich in Wien ungefähr folgende größte *Geschoßflächendichten:*

Bauklasse I ...	0,9	(offene Bauweise)
Bauklasse I ...	1,6	(geschlossene Bauweise)
Bauklasse II ...	1,2	(offene Bauweise)
Bauklasse II ...	2,4	(geschlossene Bauweise)
Bauklasse III ...	2,4	(geschlossene Bauweise)
Bauklasse IV ...	2,75	(geschlossene Bauweise)
Bauklasse V ...	3,0	(geschlossene Bauweise)

Andere Höchstwerte sind: Vorarlberg, unverbautes Gebiet: 1,8 bis 3,1; Vorarlberg, bereits verbautes Gebiet: 3,4; Klagenfurt, Innenstadt: 4,0; Innsbruck: 5,1; Wien, Bauklasse V, geschlossene Verbauung mit Hoftrakt: 6,0.

2. Abstände

a) Vorderabstand (Straßenbreiten, Vorgärten)

Alle diesbezüglichen Bestimmungen gehen von der Voraussetzung aus, daß jedes Wohnhaus entweder unmittelbar oder hinter einem Vorgarten an einer öffentlichen Verkehrsfläche errichtet wird. Weit verbreitet ist die Regel, daß die Gebäudehöhe nicht größer sein dürfe als der Abstand zum gegenüberliegenden Haus; sie ist entweder aus den maximalen Gebäudehöhen und den mindesten Straßenbreiten und ihrem Zusammenhang erkennbar oder direkt ausgesprochen (Innsbruck; Klagenfurt; Salzburg-Stadt; Burgenland *„in der Regel“*). Vorarlberg sieht Ausnahmen für Hauptstraßen und dicht verbautes Gebiet vor, Wien legt die größtzulässige Gebäudehöhe in Abhängigkeit von der Straßenbreite bzw. dem Abstand von der gegenüberliegenden Verbauung, wie folgt, fest:

Bauklassen I und II	Straßenbreite + 2 m (+ 4 m in *„Geschäftsstraßen“*)
Bauklassen III und IV	Straßenbreite + 3 m (+ 5 m in *„Geschäftsstraßen“*)
Bauklassen V und VI	doppelte Straßenbreite.

Bei Eckbauplätzen ist in Wien und in Vorarlberg die Gebäudehöhe zulässig, die der breiteren Straße entspricht, in Linz ist die engere Straße maßgebend.

Die Mindestbreite von Vorgärten wird unterschiedlich festgelegt: Klagenfurt, Oberösterreich und Linz bei *„Stadtrandsiedlungen“* 3 m; Vorarlberg 3,8 m; Burgenland *„in der Regel“* 4 m, wobei, wie in Vorarlberg, die Vorgärten bei der Ermittlung der zulässigen Gebäudehöhe ganz oder teilweise zur Straßenbreite zugerechnet werden können; Linz bei *„Landhäusern (Villen)“* 5 m.

Vorgärten werden als Voraussetzung für die Bewilligung ebenerdiger Wohnbauten verlangt in Klagenfurt, Salzburg-Stadt (4 m) und Linz (5 m).

Straßen in Wohngebieten mit Kleinhäusern brauchen Vorgärten (Niederösterreich: „*Wohnstraße*“ 6 m, Vorgärten 2×4 m; Steiermark: Straße ohne Trennung von Fahrbahn und Gehsteig 5 m, Vorgärten 2×2,5 m).

b) Seitenabstand

Die Pflicht, gegen die seitliche Nachbargrundgrenze einen mindesten Seitenabstand einzuhalten, ist ein wesentliches Merkmal aufgelockerter Verbauungsweisen (C 2). Das Mindestmaß beträgt:

2 m (Burgenland, bei fensterlosen Wänden),
3 m (Wien, Bauklassen I und II; Burgenland; Klagenfurt),
4 m (Linz, „*offenes Bausystem, äußerer Bezirk*“; Tirol, Vorarlberg),
5 m (Salzburg-Stadt),
6 m (Linz, bei „*Landhäusern (Villen)*“ ... „*zum Behufe einer Gartenanlage*“; Steiermark),
5 bis 10 m (Innsbruck, offene Bauweise).

Die Gebäudehöhe berücksichtigt Wien; der Mindestseitenabstand wächst bei Bauklasse III und IV auf 5, bei Bauklasse V auf 6 m; diese Zunahme bleibt jedoch gegenüber der der Gebäudehöhe zurück.

Wenn die dem Nachbarn zugekehrte Gebäudeseite ein bestimmtes Maß überschreitet (Burgenland: 10 m; Vorarlberg: 12 m), muß der Seitenabstand für jeden darüber hinausgehenden Meter um 25 cm vergrößert werden. In Wien ist dieses Grenzmaß 15 m, von da ab erhöht sich der vorgeschriebene Seitenabstand sprunghaft auf 8 m in Bauklasse I und 10 m in den anderen Bauklassen.

Wien hat außerdem den Begriff der „*Schutzstreifen*“ eingeführt, das sind Mindestabstände, die einzuhalten sind, wenn auf einem Grundstück mehrere Gebäude errichtet werden. Ihre Breite beträgt in Bauklasse I 14 m, sonst 17 m und ermäßigt sich bei den Gebäudeecken auf die Hälfte. Diese Bestimmung soll die „*villen- oder siedlungsartige Bebauung reiner Wohngebiete*“ sichern helfen.

c) Hinterabstand (Höfe, Hausgärten)

Wo der mindeste Abstand eines Wohngebäudes von der hinteren Grundgrenze in der Bauordnung festgelegt ist (Wien; Vorarlberg), herrscht der Grundsatz, daß der „*Lichteinfall*“ (siehe B 3) in der Regel durch einen genügend großen eigenen Hof sichergestellt sein müsse, doch wird Nachbargrund angerechnet, wenn dessen Unverbaubarkeit entweder durch einen Verbauungsplan oder durch eine Eintragung im Grundbuch sichergestellt ist (Wien, bei geschlossener Bauweise in den Bauklassen III bis V; Vorarlberg; Burgenland). Die geringsten zulässigen Hinterabstände sind: ein Drittel der Gebäudehöhe, mindestens 4 m, davon 3 m auf eigenem Grund (Vorarlberg, in bereits verbauten Ortschaften), bzw. 5 m, davon 2 m auf eigenem Grund (Wien, geschlossene Bauweise, Bauklassen III bis V). Parallel zur Fensterwand müssen Höfe mindestens 3 m (Vorarlberg) bzw. 4 m (Wien) breit sein.

Die zahlenmäßige Größe der unverbauten Fläche ist nur vereinzelt festgelegt (siehe B 1). Sonst heißt es etwa: „*Bei Widmung und Bemessung neuer Bauplätze auf offenen Gründen ist zu sehen, daß die Wohngebäude ... einen angemessenen Hofraum zur Verhütung einer zu engen Verbauung der Umgebung erhalten, welcher Zweck besonders durch Zuweisung von Gartenplätzen erreicht wird ...*“ (Steiermark).

In Vorarlberg ist „*tunlichst durch innere Baufluchtlinien die Schaffung von zusammenhängenden Hofflächen vorzuschreiben*“. Eine ähnliche Vorschrift kennt das Burgenland.

3. Belichtung

Wien definiert das jedem „*Hauptfenster*“ zustehende „*Lichtprisma*“, welches ungehindert unter 45° einfallen soll. Bei Vergrößerung der Fensterfläche um 30% ist eine seitliche Abweichung um 30° zulässig; das Verhältnis von Gebäudehöhe und Abstand verschiebt sich dadurch von 1 : 1 auf 1 : 0,86. Wo die Tiefe des Hofes ungenügend ist und auch durch Zukauf nicht vergrößert werden kann, darf der Lichteinfallswinkel noch steiler werden: In Bauklasse III etwa 1 : 0,7, in Bauklasse IV etwa 1 : 0,6 und in Bauklasse V etwa 1 : 0,45. Eine ähnliche Verminderung (auf 1 : 0,67) kennt Vorarlberg.

Im übrigen gilt die von mancherlei Ausnahmen durchbrochene Regel: Gebäudeabstand = Gebäudehöhe (siehe B 2).

4. Besonnung

Nur zwei Bauordnungen, darunter eine aus dem Jahre 1857, befassen sich mit der Besonnung von Wohnungen:

„*Bauanlagen sind vorzugsweise in ... Gassen zu bewilligen, wo das Gebäude nach der zu beobachtenden Richtungslinie gegen Mittag ... zu stehen kommt*" (Steiermark). „*Wenn ganze Ortschaften oder Ortsteile neu angelegt werden sollen, ... sollen Wohnungen eine mittägige oder doch dem Zutritt des Sonnenlichtes offene Lage erhalten*" (Salzburg-Land).

C. Die Umgebung des Hauses

1. Flächenwidmung

Wien unterscheidet „*Bauland*" neben Grünland, Verkehrsbändern und Sondergebieten; zum Bauland gehören neben Industriegebieten, Lagerplätzen und Ländeflächen die „*Wohngebiete*" und die „*gemischten Baugebiete*" (ebenso Linz; ähnlich: Salzburger Raumordnungsgesetz). Innerhalb der Wohngebiete können Gebiete für die Errichtung von Kleinwohnungsbauten, Kleinhäusern, Einfamilien- oder Siedlungshäusern vorbehalten werden (Wien). Alle dichter verbauten Gebiete Wiens sind „*gemischtes Baugebiet*".

Wo die Bauordnung den Begriff des Flächenwidmungsplanes nicht kennt, wie in Vorarlberg, ist die Schaffung eines Wohngebietes insofern möglich, als mit „*Bauzone*" ein Teilgebiet bezeichnet wird, für welches nicht nur einheitliche Verbauungsgrundsätze, Bauweise, Geschoßzahl usw. vorgeschrieben werden, sondern auch eine „*besondere Zweckbestimmung*" (ebenso Burgenland).

2. Verbauungsweise

Die von der Bauordnung zugelassene bzw. angeordnete Art und Weise der Verbauung („*Bauweise*", „*Bausystem*") prägt den Charakter eines Wohngebietes; zumal mit den Vorschriften über die Verbauungsweise in irgendeiner Form die über die zulässigen Gebäudehöhen (A 2), über die Ausnützbarkeit des Baugrundes (B 1), über Abstände (B 2) u. dgl. gekoppelt sind.

Man unterscheidet zunächst die „*offene*" und die „*geschlossene*" Verbauung (Linz, Salzburg-Stadt, Innsbruck). Was hier als „*offen*" bezeichnet wird, unterteilt man in Wien in „*offen*" (jedes Haus freistehend), „*gekuppelt*" (zwei Häuser aneinandergebaut) und in die „*Gruppenweise*". Diese wird im Burgenland und in Vorarlberg als „*halboffen*" bezeichnet, der Begriff „*offen*" umfaßt dort die Wiener Bezeichnungen „*offen*" und „*gekuppelt*".

Wien kennt ferner noch die „*Zeilenbauweise*", womit aber nicht die Verbauung mit senkrecht zur Straße stehenden Zeilen gemeint ist, sondern die Randverbauung eines Baublockes, die sich auf die Längsseiten beschränkt; und die „*Blockbauweise*". Das ist nicht etwa die geschlossene Randverbauung eines Baublocks, sondern dessen architektonisch einheitliche Verbauung. Kommt sie zur Anwendung, kann der Gemeinderatausschuß Abweichungen von der sonst für dieses Gebiet geltenden „*Bauweise*" und „*Bauklasse*" gestatten. Solche Abweichungen sind auch dort möglich, wo durch „*Strukturpläne*" die Auflockerung eines Gebietes herbeigeführt werden soll. Die „*Strukturlinien*" sollen es ermöglichen, auch solche Verbauungsweisen vorzuschreiben, die in dem oben angeführten Schema nicht enthalten sind.

3. Öffentliche Einrichtungen und Versorgungseinrichtungen

„*In Wohngebieten dürfen nur Wohngebäude ... errichtet werden. Zugelassen ist auch der Bau von öffentlichen Zwecken dienenden Gebäuden, Anstalten für Bildungs-, Fürsorge-, Verwaltungs- und kulturelle Zwecke, von Gast- und Vergnügungsstätten ... In den Wohngebäuden ist die Unterbringung von Geschäftsräumen gestattet; dasselbe gilt für Werkstätten kleineren Umfanges ...*" (Wien).

Solche öffentlichen und Versorgungseinrichtungen des Wohngebietes sollten aber nicht nur „*zugelassen*" sein. Wien trägt der Notwendigkeit öffentlicher Einrichtungen dadurch Rechnung, daß bei Grundabteilungen in den Bauklassen I und II 20%, in den übrigen Bauklassen 25% der Grundflächen an die Gemeinde für öffentliche Zwecke abzutreten sind, wobei allerdings die abzutretenden Straßenflächen angerechnet werden.

Vielleicht kann man hieher noch die in einigen Bauordnungen enthaltene Bestimmung rechnen, daß bei der Verbauung größerer Grundflächen geräumige Plätze im Inneren der Ortschaften an geeigneten Punkten freizulassen sind (Niederösterreich; Salzburg-Land; Kärnten; Vorarlberg; ähnlich Innsbruck).

4. Öffentliche Grünflächen

„*Öffentliche Plätze und Gartenanlagen sind nach Maßgabe der örtlichen Verhältnisse und gesundheitlichen Bedürfnisse in entsprechender Anzahl und Größe vorzusehen*" (Vorarlberg).

Die Notwendigkeit, öffentliche Erholungsflächen zu schaffen, wird von einigen Bauordnungen (Wien, Oberösterreich, Linz, Innsbruck) insofern anerkannt, als für diesen Zweck unverbaute oder auch mit abbruchreifen oder untergeordneten Baulichkeiten verbaute Gründe enteignet werden können.

5. Klima, Luftreinheit

Der Begriff des Klimas läßt sich nur aus einer einzigen Bauordnung (Steiermark) herauslesen: „*Bauanlagen sind vorzugsweise an ... sonnigen, luftigen, trockenen Punkten ... zu bewilligen, wo das Gebäude ... gegen Mittag oder doch nicht gegen jene Gegend zu stehen kommt, von welcher die heftigeren Winde und Regen herzukommen pflegen.*“
Die Forderung nach Luftreinheit wird dadurch erfüllt, daß in „*Wohngebieten*“ (Wien) Werkstätten und Geschäftshäuser nur dann errichtet werden dürfen, „*wenn durch sie keine Nachteile oder Belästigungen durch Rauch, Ruß, schädliche oder üble Dünste, ... für die Nachbarschaft herbeigeführt werden. In gemischten Baugebieten dürfen keine Anlagen errichtet werden, die beim Betriebe durch Verbreitung schädlicher und übler Dünste, Entwicklung von starkem Rauch, Bildung von schädlichen oder lästigen Niederschlägen aus Dämpfen und Abgasen ... Gefahren, Nachteile oder andauernde oder häufige Belästigungen der Nachbarschaft des Betriebes herbeizuführen geeignet sind*“.

6. Schutz vor Lärm

Neben den „*üblen Dünsten*“ und dem „*starken Rauch*“ sind es die „*starken Geräusche*“, welche von Betrieben in Wohngebieten oder gemischten Baugebieten nicht verursacht werden dürfen (Wien). Dem Schutz vor Lärmbelästigung (und Luftverunreinigung) dienen im übrigen die gewerblichen Zulassungsbestimmungen.

7. Verkehrsaufschließung

Alle Bauordnungen setzen ausdrücklich oder als selbstverständlich voraus, daß jedes Wohnhaus mit einer öffentlichen Verkehrsfläche in Verbindung steht, ohne aber ausdrücklich zu verlangen, daß man mit dem Kraftfahrzeug vor dem Hause vorfahren könne.

a) Einstellungsmöglichkeiten für Kraftfahrzeuge

In Österreich gilt noch die Reichsgaragenordnung aus dem Jahre 1939, die besagt: *„Wer Wohnstätten ... errichtet ..., hat für die zu erwartenden Kraftfahrzeuge der Bewohner ... Einstellplatz in geeigneter Größe, Lage und Beschaffenheit ... auf dem Baugrundstück oder in der Nähe zu schaffen. ... Wenn ... zu befürchten ist, daß durch das Einstellen mehrerer Kraftfahrzeuge ... das Wohnen ... in den umliegenden Gebäuden durch Lärm oder Gerüche erheblich gestört wird, kann die Baugenehmigungsbehörde verlangen, daß statt des Einstellplatzes oder eines Teiles davon Garagen geschaffen werden. ... Zur Schaffung von Gemeinschaftseinstellplätzen oder Gemeinschaftsgaragen für mehrere Grundstücke kann in den dafür in Betracht kommenden Plänen eine gemeinsame Einstell- oder Garagenfläche ausgewiesen werden. Die Schaffung von Einstellplätzen und Garagen auf den einzelnen Baugrundstücken ist dann in der Regel nicht zuzulassen.“* Die Reichsgaragenordnung bietet weiters Handhaben für die Baubehörden, den Bau von Einstellplätzen oder Garagen auch dort zu genehmigen, wo dies nach der jeweiligen Bauordnung nicht möglich wäre. Als einziges Bundesland hat Wien an Stelle der Reichsgaragenordnung ein Landesgesetz *(„Wiener Garagengesetz“)* erlassen. Die Durchführungsverordnung hiezu schreibt vor, daß beim Neubau von Wohngebäuden in den Innenbezirken ein Stellplatz je 500 m² Geschoßfläche zu errichten ist, in den Außenbezirken je 800 m² Geschoßfläche, auf jeden Fall aber ein Stellplatz je Bauplatz. Diese Verpflichtung kann auch durch Beteiligung an einer Gemeinschaftsanlage oder durch Zahlung einer Ausgleichsabgabe erfüllt werden.

D. Wohnungsbau und Raumplanung

„Raumordnung ... ist die koordinierende Vorsorge für eine geordnete, den Gegebenheiten der Natur und dem zusammengefaßten öffentlichen Interesse im Lande entsprechende Flächennutzung ... Dieses Interesse umfaßt insbesondere ... die Berücksichtigung des Bedürfnisses nach Gebieten für Wohnungsbauten ...“, sagt das bisher einzige Raumordnungsgesetz eines österreichischen Bundeslandes (Salzburg). Es gibt die rechtlichen Grundlagen für die Verbindlicherklärung von *„Entwicklungsplänen“* für das ganze Land oder bestimmte Landesteile. Die im Gesetz vorgesehenen Entschädigungsbestimmungen zeigen, daß man die Möglichkeit ins Auge

gefaßt hat, durch die „*Entwicklungspläne*" die Verbauung selbst solcher Grundstücke zu verhindern, für die bereits eine Abteilungs- oder Baubewilligung erteilt worden ist.
Im allgemeinen aber obliegt (auch in Salzburg) die Ausweisung von Bauland den Gemeinden, sei es in Form von Flächenwidmungs- oder Verbauungsplänen oder einfach durch Erteilung der jeweiligen Baubewilligung.

Das Salzburger Raumordnungsgesetz enthält hiefür folgende Richtlinie: „*Als Bauland sollen Gebiete nicht vorgesehen werden, deren Erschließung unwirtschaftliche Aufwendungen für Straßen und andere Verkehrseinrichtungen, Versorgungsleitungen, Entwässerungsanlagen, Schulversorgung, Polizei- und Feuerschutz oder sonstige öffentliche Aufgaben erforderlich machen würde, oder Gebiete, die aus anderen öffentlichen Rücksichten für die beabsichtigte Verwendung nicht geeignet sind.*" Ähnlich sprechen sich einige Bauordnungen (Niederösterreich, Oberösterreich, Steiermark) gegen die Erteilung von Baubewilligungen für neue Wohnbauten in „*isolierter Lage*" aus.

Andrerseits werden gerade für Bauten in „*zerstreuter Lage*" Bauerleichterungen gewährt (Niederösterreich, Burgenland, Vorarlberg).

Schließlich ermächtigt Niederösterreich seine Gemeinden, eine Abteilungsbewilligung dann zu versagen, „*wenn durch die Verbauung eine neue Ortschaft, abgesondert von der bestehenden ... Ortsgemeinde geschaffen würde*" oder „*wenn der Umfang ... ein derart großer ist, daß der ... neu entstehende Ortsteil die bestehende Ortschaft in ihrer ruhigen wirtschaftlichen Fortentwicklung gefährden würde*".

Die Bauordnung für Wien (1929) hat als Landesgesetz dem Gemeinderat von Wien keine Richtlinien für die Festsetzung der Flächenwidmungspläne vorgezeichnet; in den Übergangsbestimmungen wurde jedoch die Fortdauer der alten „*Generalbaulinienpläne*" sichergestellt.

Zusammenfassung

Der Wert einer Wohnung wird außer durch ihre Größe, ihre räumliche Gliederung und ihre technische Ausstattung weitgehend durch ihre Lage bestimmt; dazu kommt, daß dieser Faktor durch nachträgliche Verbesserungen so gut wie gar nicht abgeändert werden kann.

Verbindliche Mindestvorschriften über die Lage von Wohnungen finden sich zurzeit in Österreich nur in den Bauordnungen. Die dort enthaltenen Anforderungen sind offensichtlich von den Baugewohnheiten vergangener Zeiten empirisch abgeleitet worden und bieten keine Gewähr dafür, daß neue Wohnbauten den heutigen und zukünftigen Ansprüchen genügen. Außerdem sind sie äußerst uneinheitlich; das kommt daher, daß nicht nur die Baugesetzgebung Sache der einzelnen Bundesländer ist, sondern die entscheidenden Vorschriften vielfach erst in den Bebauungsplänen der einzelnen Gemeinden enthalten sind oder sein sollten.
Es scheint daher ausgeschlossen, in absehbarer Zeit auf dem Wege über die Bauordnungen dafür zu sorgen, daß Wohnungen nur mehr in wirklich geeigneten Lagen errichtet werden. Um so mehr erscheint es notwendig, durch verbindliche Richtlinien zu verhindern, daß unter Ausnützung der unzulänglichen Bauordnungsbestimmungen aus öffentlichen Mitteln Wohnungen ohne Rücksicht auf den Wert ihrer Lage errichtet werden.
In die zu schaffenden Richtlinien über die „Mindestanforderungen an eine Wohnung“ wären daher — und das ist wichtig für das Arbeitsprogramm der Forschungsgesellschaft — als unabdingbarer Bestandteil Mindestanforderungen an die Lage aufzunehmen.

GRÖSSE, FUNKTION UND AUSSTATTUNG EINER WOHNUNG —

BESTIMMUNGEN DES IN- UND AUSLANDES

Referent: Dr. Sokratis Dimitriou

Über Größe, Funktion und Ausstattung einer Wohnung sind in den österreichischen Bauordnungen und den Anweisungen des mit öffentlichen Mitteln geförderten oder erstellten Wohnungsbaus so starke Abweichungen festzustellen, daß es geboten erschien, die betreffenden Bestimmungen zusammenzufassen, um Vergleiche und Schlußfolgerungen zu ermöglichen.

In der vorliegenden Studie sind den österreichischen Vorschriften die entsprechenden ausländischen gegenübergestellt, weniger um eine Vollständigkeit in den Detailangaben anzustreben, als zur Gewinnung einer systematischen Grundlage, welche die österreichischen Angaben fast durchweg vermissen lassen.

Als Vergleichsmaterial wurden die Bestimmungen des öffentlich geförderten Wohnungsbaues und auch die Bauordnungen in einer Reihe europäischer Länder herangezogen, deren geographische Lage und wohnkulturelle Situation Ähnlichkeiten mit den österreichischen Verhältnissen aufwies:

Deutschland, Italien, die skandinavischen und westeuropäischen Länder und Polen als Beispiel eines Oststaates. Die USA und Neuseeland als die außereuropäischen Länder mit dem höchsten wohnkulturellen Niveau (über Kanada waren keine Daten erhältlich) wurden nur gestreift.

Vorschriften über Wohnweise, Wohnungsgröße, funktionelle Raumzusammenhänge usw. beeinflussen weitgehend die Grundrißgestaltung. Es sei daher auch auf die am Schluß der Monographie befindlichen Wohnungsgrundrisse des In- und Auslandes verwiesen, welche zur Veranschaulichung des hier Gesagten dienen mögen.

A. Größe, Funktion und Ausstattung einer Wohnung

1. Österreichische Bestimmungen

a) Die Bauordnungen

I. Begriffsbestimmungen

Im allgemeinen wird zwischen Wohnungen überhaupt und solchen in Kleinwohnungsbauten und Kleinhäusern unterschieden.

Für die beiden letzten Gruppen sind Erleichterungen vorgesehen (siehe hierzu das Referat Conditt über die Lage von Wohnungen).

II. Die Mindestgrößen der Wohnungen und der Wohnräume

Zahl und *Größe* der Wohnungen steht im allgemeinen im freien Ermessen: *„Die Zahl . . . der Wohnungen bleibt dem Ermessen des Bauherrn überlassen; dieselben müssen aber den Sanitätsrücksichten entsprechend geräumig angetragen werden . . .“* (BO Stadt Salzburg, § 29).

„Derselbe kann in seinem Bauprojekt auch kleinere Wohnungen aus Zimmer und Küche oder selbst nur aus einem mit einem Notherde versehenen Zimmer bestehend beantragen“ (Stadt Steyr, § 29).

In Wien und im Burgenland hat eine nur aus einem Wohnraum bestehende Wohnung mindestens 18 m² zu besitzen. In Wien sind solche Wohnungen nur als Ledigenräume zugelassen; für andere Wohnungen ist eine Grundfläche von mindestens 35 m² (einschließlich der Nebenräume) vorgeschrieben (BO Wien, § 90 [I]).

Von den *Wohnräumen* wird meist nur verlangt, daß sie geräumig seien. Die Beurteilung bleibt der Baupolizei überlassen.

In der burgenländischen Bauordnung heißt es, bei einer mehrere Wohnräume umfassenden Wohnung müsse *„einer mindestens 14 m² groß sein, während die übrigen nicht unter je 10 m² Bodenfläche haben dürfen“* (§ 52, 4).

Eine Mindestbodenfläche von je 10 m² wird in Tirol für Wohnräume und Küchen gefordert, von 14 m² für Wohnräume in Innsbruck.

Mindestraumgrößen in einer Vollständigkeit, wie sie keine Bauordnung enthält, schreibt Oberösterreich für Stadtrandsiedlungen vor (Verordnung vom 5. Dezember 1933, ZII 1645/6, LGBl. 67/1933, § 1):

1. Wohn- und Kochraum	14 m²
2. Elternschlafzimmer	12 m²
3. Kinderschlafzimmer	8 m²
3 a. Mindestens ein zweiter Schlafraum bei Familien mit vier und mehr Kindern	8 m²
4. Wirtschaftsflur (Abstellen, Wäsche, Futterkochen)	6 m²
5. Kleintierstall	5 m²
6. Keller	8 m²
7. Abort	1,5 m²
8. Futterboden (Größe abhängig vom verfügbaren Raum).	

(Über Mindestraumhöhen siehe Referat Mischek über die technischen Bauvorschriften.)

III. Einteilung und Ausstattung der Wohnungen

Die meisten Bauordnungen enthalten keine einschlägigen Vorschriften. Die Wiener Bauordnung (§ 90 [I]) verlangt, jede Wohnung müsse „*aus mindestens zwei Aufenthaltsräumen bestehen, von denen der eine eine Kochgelegenheit besitzen muß, und einen eigenen Abort im Wohnungsverband enthalten. Jeder solchen Wohnung ist ein eigener Raum zur Lagerung von Brennstoffen zuzuweisen.*"

In der Steiermark (§ 130) müssen neue Wohngebäude „*wenigstens ein geräumiges Wohnzimmer und eine lichte Kammer nebst Küche, Abort und übrigem Zugehör*" enthalten.

In Vorarlberg (§ 35) soll jede Wohnung „*tunlichst ein in sich abgeschlossenes Ganzes bilden*".

Funktionelle Gesichtspunkte bestimmten auch die unter II. (Mindestgrößen) angeführten Forderungen der burgenländischen und der Innsbrucker Bauordnung nach einer Stufung der Mindestgrößen, vor allem jedoch die oberösterreichische Verordnung über Stadtrandsiedlungen. Sanitäre Erfordernisse veranlaßten die Vorschrift der Wiener Bauordnung, nach der Aborte durch ein Vorzimmer von den Aufenthaltsräumen zu trennen sind. In Vorarlberg dürfen Aborte in keiner unmittelbaren Verbindung mit Küchen und Speisekammer stehen.

b) Wohnhaus-Wiederaufbaufonds (Merkblatt für Ansuchen, Juni 1955, Seite 11 ff.)[1])

„*Bei der Neuschaffung von Wohnungen werden nur solche Projekte gefördert, bei denen jede einzelne Wohnung baulich in sich abgeschlossen ist und mindestens aus Zimmer, Küche oder Kochnische, Vorraum, Klosett und Badegelegenheit (Baderaum oder Badenische) besteht.*"

„*Wohnungen in Häusern, die nach Totalschäden wieder aufgebaut werden, haben als Mindestausstattung eine Kochgelegenheit, eine festmontierte einfache oder Doppelabwasch mit Fließwasser, ein Waschbecken, eine Heizgelegenheit und ein Spülklosett zu erhalten.. Außerdem kann ... der Einbau von Zentralheizungsanlagen und Aufzügen (letztere, wenn das*

[1]) Sperrungen vom Ref.

neu gebaute Haus mehr als vier Hauptgeschosse umfaßt) aus Fondsmitteln gefördert werden ...“ „... sollen im Erdgeschoß Abstellungsmöglichkeiten für Kinderwagen und Fahrräder vorgesehen werden ...“

c) Bundes-Wohn- und Siedlungsfonds (Technische Richtlinien)[1])

„Die Vorschriften der Landesbauordnungen sind unbedingt einzuhalten. Unbeschadet dieser Vorschriften sollen die Projekte in wohnkultureller und hygienischer Hinsicht den nachstehend festgelegten Mindestanforderungen entsprechen.“

„Wichtig ist noch die richtige Lage des Objektes zu den Himmelsrichtungen. Die günstigste Orientierung der Räume ist von Nordost nach Südwest. Nach der Wetterseite (Nordwestseite) soll womöglich die Schmalseite des Objektes mit etwa vorgesehenen Wirtschaftsräumen orientiert sein. Die Hauseingänge sind von der Wetter- und Windseite abgewendet anzuordnen. Die Wohnräume sind womöglich nach Südost zu orientieren.“

„Die Wohnräume sollen möglichst quer durchlüftbar, gut besonnt und belichtet sein, auch für die unmittelbar gute Belichtung und Lüftung der Nebenräume ist Sorge zu tragen.“

„Die bewohnbare Bodenfläche einer Wohnung darf 60 m² nicht überschreiten und soll 18 m² auch bei Kleinwohnungen nicht unterschreiten; Küchen und Hausgehilfenzimmer mit einer Bodenfläche von über 12 m² gelten als bewohnbare Räume. Die Bodenfläche von Nischen wird der Bodenfläche des Hauptraumes, dem sie zugehören, zugezählt.“

„Die äußere und innere Ausstattung der Bauten ist nur in jenem Ausmaß zulässig, die eine neuzeitliche, solid ausgeführte Wohnung erfordert und muß in einfacher Art gehalten sein.“

„Die Wohnungen müssen vollständig in sich abgeschlossen sein, d. h. sie sollen alles enthalten, was zum Wohnen gehört, sodaß unter anderem Abort und Wasserleitung — mit der unten vorgesehenen Einschränkung — innerhalb des Wohnungsverbandes anzuordnen sind. Aborte dürfen nicht von der Küche oder von einem Wohnraum aus direkt zugängig gemacht werden. Bei Vorhandensein von Wasserspülung sind die Aborte innerhalb des Wohnungsverbandes anzuordnen; bei Fehlen der Wasserspülung kann der Abort auch außerhalb der Wohnung in deren nächster Nähe liegen, doch ist auch in diesem Falle für jede Wohnung ein eigener Abort vorzusehen.

[1]) Sperrungen vom Ref.

Küchen sollen womöglich nicht als Wohnräume dienen. Wenn es schon landesüblich ist, Wohnküchen anzuordnen, so ist wünschenswert, eigene Kochnischen zu bilden.
Ist die Anordnung von eigenen Vorzimmern nicht möglich, soll mindestens eine Ablage vorhanden sein; Wohndielen sind, falls sie wegen ihres Ausmaßes und ihrer Ausstattung als Wohnräume anzusehen sind, in die bewohnbare Bodenfläche einzurechnen. Anzurechnen ist in einem solchen Falle die Gesamtfläche der Diele abzüglich der Projektion der Treppen und etwaiger Podeste.
Die Anlage von Badezimmern entspricht einem dringenden Gebot der Gesundheitspflege. Sie sollen tunlichst in allen Wohnungen vorhanden sein. Wohnungen ohne Badezimmer sollen eine Brauseanlage oder mindestens eine Waschgelegenheit erhalten. Bei Miet- und Mehrfamilienhäusern soll jedenfalls für mehrere Wohnungen zusammen mindestens ein gemeinsamer Baderaum vorgesehen werden.
Die lichte Raumhöhe der Geschosse darf nicht weniger als 2,60 m betragen. Mansardenwohnungen sollen womöglich mit 2,50 m lichter Raumhöhe ausgeführt werden. Nur bei Vorhandensein von gut isolierendem Mauerwerk und bei freistehenden Gebäuden kann die lichte Höhe der Mansardenräume bis auf 2,40 m verringert werden.
Für Fondsbauten kommen nur Massivbauweisen, die die Wärmedämmung einer mindestens 38 cm starken, beiderseits verputzten Vollziegelmauer besitzen, in Betracht."
„Der Isolierung des Bauwerkes gegen aufsteigende Grundfeuchtigkeit ist größte Beachtung zu schenken." „Bei allen Bauvorhaben ist die Unterkellerung des gesamten Gebäudes wünschenswert."

d) Wohnbauförderung[1])

Das Wohnbauförderungsgesetz vom 7. Juli 1954 bestimmt:
„Die Länder haben die Errichtung von Klein- und Mittelwohnungen ... durch Neubau von Wohnhäusern oder durch Auf-, Zu- oder Einbauten in bestehenden Baulichkeiten zu fördern."

Es gelten:
„als Kleinwohnung eine baulich in sich abgeschlossene, einfach ausgestattete Wohnung, die mindestens aus Zimmer, Küche (Kochnische), Vorraum, Klosett

[1]) Sperrungen vom Ref.

und B a d e g e l e g e n h e i t *(Baderaum oder Badenische) besteht und deren Nutzfläche nicht mehr als 90 m² beträgt; dieses Ausmaß erhöht sich bis auf 110 m², wenn die Kleinwohnung für die Unterbringung einer Familie mit mehr als einem im gemeinsamen Haushalt lebenden Kinde bestimmt ist;"*

„als M i t t e l w o h n u n g *eine Wohnung der ... genannten Art, wenn ihre Nutzfläche über die ... für Kleinwohnungen vorgesehenen Ausmaße hinausgeht, aber 130 m² nicht übersteigt."*

In Verbindung mit diesem Gesetz haben die Bundesländer Richtlinien herausgegeben, welche die technischen Anforderungen detaillieren.

Vorarlberg geht über die Maximalwerte hinaus, indem es festlegt: *„Bauwerber, die mehr als vier Kinder haben, sind berechtigt, die Nutzfläche für jedes weitere Kind um 10% zu überschreiten."*

Hinsichtlich der *technischen Erfordernisse* wird meist auf die einschlägigen Bauordnungen verwiesen, für die Außenmauern der Wärmeschutz einer mindestens 38 cm starken Ziegelmauer verlangt. Die Bauten sind gegen Feuchtigkeit zu isolieren, über den Kellerräumen ist eine Massivdecke anzuordnen. Die Nebenräume sollen möglichst unmittelbar gut zu belichten und zu belüften, die Wohnräume möglichst quer durchlüftbar, gut besonnt und belichtet sein. Im Kärntner Merkblatt wird auch ein ausreichender Schallschutz gefordert.

Angaben über die *Ausstattung* sind in den Richtlinien der Länder nicht enthalten.

(Über die Wohnbauförderung der Stadt Wien siehe den nächsten Abschnitt.)

e) Der soziale Wohnungsbau der Stadt Wien

Die Stadt Wien führt zwei Wohnbauprogramme durch, das Normalbauprogramm und das Wohnbauförderungsprogramm. Für beide Programme werden von der Magistratsabteilung für Architektur verbindliche Richtlinien gegeben. Neben diesen beiden anteilmäßig dominierenden Programmen werden auch Sondertypen (z. B. Hochhäuser und Alte-Leute-Wohnungen) ausgeführt.

Den Architekten werden von der Magistratsabteilung für Architektur verbindliche Grundrisse zur Verfügung gestellt, sodaß sich ihre Arbeit überwiegend auf die Planung der Häusergruppen und die technischen Details beschränkt. Dieses in baukünstlerischer Hinsicht eher bedenkliche Vorgehen gestattete aber durch Normung vieler Bauteile eine Verbilligung des Bauens.

Hinsichtlich der Lage werden nordseitig gelegene Wohnungen abgelehnt. Die Wohnungen sind durchweg querlüftbar. Da die Stiegenhäuser an den nordseitig gerichteten Fronten angebracht sind, besitzt jede Wohnung mindestens einen besonnten Raum.

Über Wohnungstypen, Wohnungsgrößen, Raumanzahlwidmung, den voraussichtlichen Belag und den prozentuellen Anteil der betreffenden Type am Gesamtprogramm gibt folgende Aufstellung Auskunft. Es handelt sich hiebei um das Bauprogramm 1958, das gegenüber dem vorjährigen eine durchschnittlich um 5% größere Wohnungsfläche vorsieht.

Type	Größe (m²)	Belag (Pers.)	Räume	% im betr. Bauprogramm
A	26,00	1—2	Wohnschlafzimmer, Kochnische, Bad-WC, Vorraum	10% im Normalbauprogramm 10% bei Wohnbauförderung
B_1	36,50	2	Wohnschlafzimmer, Küche, Bad, Vorraum, Abstellraum, WC	10% im Normalbauprogramm 0% bei Wohnbauförderung
B	51,50	2—3	Wohnzimmer, Schlafzimmer, Küche, Vorraum, Abstellraum, Bad, WC	35% im Normalbauprogramm 35% bei Wohnbauförderung
C	63,00	4—5	Wohnzimmer, Schlafzimmer, Schlafkammer, Küche, Bad, Vorraum, Abstellraum, WC	35% im Normalbauprogramm 40% bei Wohnbauförderung
D	76,50	6—7	Wohnzimmer, Schlafzimmer, 2 Schlafkammern, Küche, Bad, Vorraum, Abstellraum, WC	10% im Normalbauprogramm 10% bei Wohnbauförderung
E	94,00	6—7	Wohnzimmer, Schlafzimmer, 2 Schlafkammern, Küche, Bad, Vorraum, Abstellraum, WC	0% im Normalbauprogramm 5% bei Wohnbauförderung

Die Vereinigung von Küche, WC und Bad zu einer „Naßeinheit" bildet die Regel. Die *Ausstattung* umfaßt Küchenherd, zweiteilige Abwasch, Heißwasserspeicher, Waschgelegenheit, für je 25 Wohnparteien ist eine maschinelle Waschküche vorgesehen.

www.ingramcontent.com/pod-product-compliance
Ingram Content Group UK Ltd.
Pitfield, Milton Keynes, MK11 3LW, UK
UKHW042058021026
15589UKWH00001B/47
* 9 7 8 3 7 0 9 1 4 6 6 9 9 *